Hrsg.: Martin Fieber · Hans H. Reinmöller · Thomas Richter

Die Stimme Gottes

Hrsg.: Martin Fieber · Hans H. Reinmöller · Thomas Richter

Die

Stimme Gottes

Das Vermächtnis des Medialen Friedenskreises Berlin aus den Jahren 1956 - 1975

BERGKRISTALL

Die Deutsche Bibliothek - CIP Einheitsaufnahme

Das Vermächtnis des Medialen Friedenskreises Berlin
aus den Jahren 1956-1975
Hrsg.: Martin Fieber·....-Bad Salzuflen
Bergkristall Verlag

Die Stimme Gottes. - 2000
ISBN 3-935422-03-2

0101 deutsche buecherei

Ungekürzte Ausgabe
Bergkristall Verlag GmbH, 32108 Bad Salzuflen
Schülerstraße 2-4
Tel.: 05222 / 92 34 51
Fax: 05222 / 92 34 52
email: Bergkristall.Verlag@t-online.de
www.BERGKRISTALL-VERLAG.de
1. Auflage, November 2000
Umschlag und Satz: Bergkristall Verlag
Druck und Bindung: Druckerei Dröge, Bad Salzuflen
Printed in Germany
ISBN 3-935422-03-2

Welches ist der sicherste Weg zur Wahrheit?
Der sicherste Weg beginnt im eigenen Herzen.
Gott kann für diese Aufgabe keine Feiglinge gebrauchen.
Er braucht geistige Revolutionäre, die für ihn um die Wahrheit mit dem ganzen Einsatz von Seele und Leben kämpfen.

Wie lautet die bedeutendste Kernfrage, die von der Menschheit gestellt werden könnte?
Gibt es einen Gott oder nicht?
Gibt es ein geistiges Weiterleben oder nicht?

Die Stimme Gottes

Inhaltsverzeichnis

Liebe Leserinnen und Leser,

wir freuen uns über alle Maßen, ihnen endlich in einer Buchreihe das gesamte Vermächtnis des Medialen Friedenskreises Berlin präsentieren zu dürfen, nach Themen geordnet und inhaltlich unverändert.
Die vorliegenden Aufzeichnungen wurden in „vollautomatischer Medialschrift" in über 25-jähriger Tätigkeit und über 1000 Sitzungen in dieser unabhängigen Forschungsgruppe im Beisein neutraler Zeugen erarbeitet. Dabei wurden ca. 6500 DIN A 4 Seiten protokolliert.
Die Erstveröffentlichungen fanden in den Jahren von 1956 bis 1975 in monatlichen Berichtsheften und zusätzlichen Broschüren statt. Diese Schriften wurden von den damals schon interessierten Kreisen in Deutschland und in der ganzen Welt gelesen, übersetzt und erlangten höchste Beachtung und Anerkennung, obwohl die Stückzahl der Auflagen relativ gering war.
Die Zeit war noch nicht reif für eine großangelegte Verbreitung. Die Öffentlichkeit schenkte dem wirtschaftlichen Wachstum mit allen angenehmen Begleiterscheinungen mehr Aufmerksamkeit.
Das hat sich in den letzten Jahren wesentlich geändert. Die allgemeine Weltlage, die steigende Kriminalität, die politischen Realitäten mit der Hochrüstung und den Kriegen machen es notwendig, daß diese Grundlagenforschung auf möglichst breiter Basis nochmals veröffentlicht wird. Die Menschen sind durch die lebensbedrohenden Zustände auf unserer Erde wachgerüttelt und suchen nach einer Alter-

native zur globalen Vernichtung. Dieses Suchen muß seine entsprechende Beantwortung finden. Durch die hier angesprochene Grundlagenforschung sind die Erkenntnisse mit den dazugehörigen Beweisen bereits vorhanden. Diese Forschungsergebnisse sind in ihrer Art und in ihrem unwiderlegbaren Wahrheitsgehalt Spitzenqualität. Das wird von den Kennern vorbehaltlos bestätigt. Mehr noch, sie gewinnen durch ihren unbestechlichen und kompromißlosen Bezug auf das Weltgeschehen täglich zunehmend an Aktualität und Bedeutung. Sie zeigen den Ausweg aus den Jahrtausende alten Kettenreaktionen um Krieg und Gewalt. Und das mit aller Gründlichkeit.

Der Mediale Friedenskreis Berlin erarbeitete mit einem Team jenseitiger Lichtboten und Geistführer hochwertige Beweise über ein Leben nach dem Tod und über intelligentes außerirdisches Leben.
Diese Lichtboten „haben die Mission zu erfüllen, das Licht in die Finsternis zu bringen und alle Unklarheiten aufzudecken. Es handelt sich um die geistige Erleuchtung der Erdenmenschheit".
Sie werden sich vielleicht wundern, warum wir die Namen der Geistlehrer nicht erwähnen. Die Antwort darauf gab uns die Geistige Welt in den Durchgaben selber: „Ich bin an keinen Namen gebunden, sondern nur an die Wahrheit. Ihr könnt anstelle eines Namens ebensogut ‚Die Wahrheit' setzen. Meinetwegen könnt ihr auch ein ‚X' benutzen. Es kommt allein nur auf die Wahrheit an. Die größten Namen haben auf dieser Erde oft genug den größten Irrtum her-

vorgebracht. Ich bin orientiert, daß man die größte Wahrheit immer wieder bekämpfen wird, weil sie den Fortschritt der negativen Mächte hindert. Das Negative wird sich mit allen Mitteln, auch den unfairen, und mit aller Hartnäckigkeit verteidigen, weil die Wahrheit der Gegenpol des Irrtums ist. Laßt euch dadurch nicht von eurem Wissensdrang und von eurer Mission abbringen.
Der Aufmarsch der Geistigen Kräfte nimmt immer mehr zu. Es werden nicht alle Kirchenanhänger sein, die auf der Seite der Wahrheit stehen werden. Es werden nicht die Religionen sein, die den Frieden bringen. Es wird allein die verständliche Wahrheit sein, die diesen Globus retten wird. Mein Name spielt dabei keine Rolle. Und wenn ich Gottes höchster Engel wäre, ich würde es euch niemals verraten. Ich bin nur ein namenloser Vermittler der ewigen Wahrheit im ganzen Universum". *Soweit die Ausführungen aus der Geistigen Welt!*

Wir haben ein Versprechen abgegeben, diese Wahrheit unter allen Umständen an die irdische Menschheit weiterzuleiten. Obgleich dieses Versprechen nicht leicht durchführbar ist, so wird es mit der Hilfe der Geistigen Welt gelingen.

Die Herausgeber

Einleitung

Im Laufe unserer langjährigen Bemühungen in der Jenseitsforschung haben wir die Geistlehrer über die verschiedensten Themen befragt und die entsprechenden Belehrungen erhalten. In der vorliegenden Folge der Berichterstattung kommen wir zu einem äußerst wichtigen Thema. Dieses zentrale Thema für uns Menschen ist und bleibt: Gott. Es ist dabei unwichtig, ob wir gläubig sind oder es vorziehen, Atheisten zu sein. Um dieses Thema kommt kein Mensch herum, wenn er auch nur etwas über den Sinn seines eigenen Daseins nachdenkt. Mögliche geistige Scheuklappen sollte man früh ablegen, irgendwann werden sie einem doch genommen. Wir sollten sie aber aus eigenem Antrieb ablegen. Und zwar jetzt. Die Gelegenheit dazu ist durch die vorliegenden Belehrungen besonders günstig.

Wir, die Mitarbeiter unseres Arbeitsteams des Medialen Friedenskreises Berlin, sind ohne Vorbehalte an dieses wichtige Thema herangegangen und kamen nach über 25jähriger Praxis zu überaus wertvollen Ergebnissen. Die Menschheit kann nicht erwarten, daß sich Gott so abwandelt, daß er in jedes Wunschbild des Menschen hineinpaßt. Deshalb sollten wir uns zielstrebig bemühen, unsere persönlichen Anschauungen über Gott der Wahrheit anzupassen. In der Bibel wird an verschiedenen Stellen erwähnt, daß Gott zu den Menschen gesprochen habe. Deshalb haben wir uns an unsere geistigen Lehrer gewandt. Zwei komplexe Fragen tauchten auf:

1) Spricht Gott tatsächlich persönlich zu den Menschen und sei es auch nur in Ausnahmefällen?
2) Was würde Gott in so einem Fall zu uns heutigen Menschen sagen?
Hier an dieser Stelle ist es notwendig, auf eine große Gefahr hinzuweisen, die sehr leicht auftauchen kann. Jeder echte Jenseitskontakt ermöglicht es den Jenseitsbewohnern Namen zu nennen. Welche Gewähr hat man aber, daß es sich tatsächlich um die genannten Persönlichkeiten handelt?
Grundsätzlich melden sich Jenseitige aller Charakter-Schattierungen. Die dargebotenen Kundgaben entsprechen selbstverständlich dem Wissen, dem Können oder dem Vorhaben der jeweiligen Geistwesen. Der Wert der Durchgaben ist also identisch mit dem Intellekt oder den Absichten der Geistwesen. Das ist im Grunde nicht anders, als hier auf Erden auch.
Auf einer niederen Ebene der Jenseitsverbindung kann man deshalb rasch getäuscht werden, wenn man keine Erfahrung besitzt. Foppwesen besitzen nicht das Wissen über die objektive Wahrheit und können sie auch nicht verkünden. Dafür gibt es unter ihnen aber regelrechte Meister der Täuschung. Ganz nebenbei gesagt: Erzengel oder gar Jesus Christus haben andere Dinge zu tun, als sich persönlich durch ein Medium zu melden. Kein Mensch würde die hohen Energien dieser Wesenheiten aushalten. Um nicht durch eigene Fahrlässigkeit hinter das Licht geführt zu werden, haben wir Erdenmenschen geradezu die Pflicht, die Jenseitsdurchgaben zu prüfen, um den hohen

oder niederen Wert herauszufinden. Machen wir das nicht, so werden wir sehr schnell das Opfer unserer Leichtgläubigkeit. Man sollte die Geistwesen in dieser Beziehung nicht unterschätzen. Keinen blinden Glauben an den Tag legen, auch wenn noch so schöne Durchgaben kommen, sondern große Wachsamkeit. Die göttliche Wahrheit hat es nicht nötig, sich hinter einem Glaubenszwang zu verbergen. Die göttliche Wahrheit ist so überaus erhaben, daß sie jeder, aber auch jeder menschlichen Prüfung standhält. Noch deutlicher gesagt: Die göttliche Wahrheit fordert uns geradezu auf zur Prüfung, um wissend von uns erkannt zu werden. Nur wer die Wahrheit scheut oder hinterhältig etwas zu verbergen hat, fordert blinden Glauben. Gott in seiner Erhabenheit hat diese Praktiken nicht nötig.

Die Art, wie etwas mitgeteilt wird, ist nicht ausschlaggebend, sondern einzig und allein der Wert der Durchgaben! Es ist in dem Zusammenhang von äußerster Wichtigkeit, die Vergleiche und Prüfungen gänzlich neutral, also ohne Vorurteile und ohne jegliche Schwärmerei vorzunehmen. Beides trübt mehr oder minder das eigene Urteilsvermögen. Nur eine gesunde Prüfungsgrundlage kann das Höchstmaß an Sicherheit bringen. Kommt man zu fragwürdigen Ergebnissen oder gibt sich schnell zufrieden, ist etwas faul an der Sache. Dann ist es dringend angebracht, die eigenen Testmethoden genau unter die Lupe zu nehmen. Falsche Testmethoden, falsche Ergebnisse.

Doch nun zurück zu unseren zwei Fragen von vorhin.

1.) Spricht Gott persönlich zu den Menschen?

2.) Gesetzt den Fall, was würde Gott uns heute sagen?

Wenn wir beim Lesen der Bibel vernehmen, daß Gott in damaliger Zeit zu den bekannten Menschen gesprochen habe, können wir uns ohne weiteres darauf verlassen, daß sich Gott in direkter Rede und Erscheinung an diese Menschen gewandt hat? War es so, daß Gott mit einigen Menschen von Angesicht zu Angesicht sprach? Lesen wir , wie die Antwort von der Geistigen Welt darauf lautet:

„Gar manche höre ich sagen: ‚Mir ist der liebe Gott noch nicht begegnet.' Nun, dazu kann ich nur antworten, daß jene bedauernswerten Menschen Gottes Stimme nicht verstehen. Es ist nicht so, daß Gott nun ganz persönlich zu einem Menschen kommt, um sich mit ihm zu unterhalten. Aber es gibt im unendlichen Universum geistiger Art und in allen Abstufungen materieller Beschaffenheit genügend ausgebildete Kräfte und Intelligenzen, die vollberechtigte Stellvertreter Gottes sind, um in seinem Namen zu sprechen. Diese Inspiratoren und geistigen Lehrer, die Führergeister der Zirkel und Medien sind so autorisiert, daß sie das Recht haben zu sagen: ‚Hier spricht Gott der Herr!' Doch Christus sagte seinerzeit: ‚Prüfet die Geister, ob sie von Gott sind!' Ihr alle müßt das tun, denn vom Jenseits her ist diese Kontrolle unmöglich. Gute Wesenheiten haben keine Gewalt über das Böse. Gute Geister können dem Negativen nur ausweichen, so wie ihr es auch tun solltet, damit es isoliert bleibt. Um aber solche Geister zu prüfen, muß man schon eine bedeutende Erfahrung haben. Ihr habt, mit einigen Ausnahmen nur sehr wenig Erfahrung, denn die Kirchenbeamten weichen dieser Erfahrung ängstlich aus. Nur wenige, christlich eingestellte spiritualistische Gemeinschaften haben sich eine solche Erfahrung angeeignet. Nun sind in der Beurteilung die meisten Menschen nicht fähig, richtig zu denken. Sie sind zumeist der Meinung, daß Gott ein großer Poet oder ein Supergelehrter sei, der entweder in himmlischen Zitaten schwelgt oder märchenhafte Zauberformeln übermittelt. Ich sage euch, daß Gott noch nicht in einem einzigen Falle einen Menschen gelobt hat! Wer das glaubt, vernichtet sich selbst durch eine an Wahnsinn grenzende Selbstüberhebung. Gott ist so hoch, unbegreiflich und heilig, daß selbst die größten und mächtigsten Engel sich immer noch bemühen, sein wahrhaftiges Wesen zu verstehen. Doch alle seine Vertreter, die in seinem Namen sprechen, reden weder im Gelehrtenschwall, noch mit Geschwafel oder mit honigsüßen Lobgesängen. Diese wenigen, wirklich autorisierten Vertreter Gottes sind alle durch eine überaus harte Schule Christi gegangen. Sie sind blutüberströmte Märtyrer ihres wahren Glaubens gewesen. Sie sind durch die Feuerqualen der Inquisition gegangen und haben alle seelische und körperliche Folterungen hinter sich, die sich der Ungeist je für sie ausdenken konnte! Von diesen in Feuer und Schwefel geläuterten Geistern verlangt nun der Mensch, daß er mit Glacéhandschuhen angefaßt wird. Ich sage euch nur: Hütet euch alle, denn der Böse trägt diese Glacéhandschuhe, unter denen sich raub- und mordgierige Krallen verbergen! Aber von den Märtyrer-Geistern empfangt ihr die wirkliche Stimme Gottes. Sie ist so einfach und in eurer Volkssprache abgefaßt, daß sie jeder verstehen kann. Die autorisierten Sprecher verkünden sie in allen Sprachen und Dialekten der Welt, ja selbst, wenn es erforderlich ist, im Verbrecherjargon. Gott schreibt keine Romane und dichtet keine Verse. Er spricht am deutlichsten durch seine Werke. Er sprüht durch jeden Halm und durch jedes Stäubchen, durch jedes Gefühl, durch Heimweh, Liebesschmerz und Freude, durch Katastrophen und Himmelsphänomene, durch Strahlen und Dämpfe, durch Glauben und Zweifel, durch politische Wirrnisse und durch ehernes Geläute. Doch wer seine organischen und geistigen Ohren mit Selbstverherrlichung und böswilliger Besserwisserei verstopft, wird nichts bemerken, noch davon etwas verstehen.“

Wir bringen hier die Botschaft der Stimme Gottes in der Form, wie wir sie erhalten haben, nämlich in der persönlichen Rede. Es mag sein, daß die hier gewählte persönliche Anrede einigen der Leser nicht behagt. Diese bitten wir aber hiermit, ihre Toleranz zu zeigen. Es ist in dem Fall von Vorteil, sich ohne Vorbehalte dem Inhalt der Botschaft zuzuwenden. Nur darauf kommt es an. Auf der anderen Seite kann es durchaus Menschen geben, die sich gerade durch diese direkte Ansprache eindringlicher berührt fühlen und dadurch aufnahmefähiger werden. Der geistige Gehalt ist der wirkliche Wert, und der ist unverkennbar. Überzeugen Sie sich selbst.

Medialer Friedenskreis Berlin

Vernehmen wir nun, was uns die Stimme Gottes zu sagen hat:

„Wann endlich wird sich meine Kirche zu den Tatsachen bekennen, die ich euch täglich sichtbar vor Augen führe? Ich schicke euch meine Engel und ihr verleugnet sie. Ich sandte euch meinen Sohn und ihr habt ihn getötet. Ich gab euch klare Lehren, doch ihr habt sie geändert. Ich gab euch die Gewißheit vom ewigen Leben, doch ihr wollt sie gar nicht und sucht den ewigen Tod. Ich gab euch eine Heimat auf dieser Erde, doch ihr zerstört sie. Ich gab euch meine Liebe, doch ihr antwortet mit Haß! Wann endlich werden sich meine Kinder den Gesetzen des Alls anpassen? Die Gesetze sind euch bekannt!

Ich weiß um euer ganzes Denken und Handeln, doch jedes Kind glaubt, ein Waisenkind zu sein. Es macht sich völlig selbstständig und verzichtet auf alle väterlichen Ratschläge, welche aus einer Erfahrung herrühren, die Milliarden Jahre beträgt. Ich habe ein väterliches Haus, und alle Tore stehen euch weit offen. Doch wer hinein will, der sollte sich die Füße abtreten und sich zu benehmen wissen. Kinder, welche unerzogen und böswillig sind, haben keinen Zutritt. Sie zerstören die schöne Einrichtung und glauben, daß alles nur ihnen allein gehört. Ich habe sehr viel Zeit. Mehr Zeit als die ganze Kinderschar zusammengenommen. Wer nicht in mein Haus kommen will, der muß das Unwetter, die Kälte, den Hunger außerhalb des sicheren Hauses ertragen. Ich bin ein Gastgeber, und ich bin nicht kleinlich gegenüber meinen Kindern, welche mir kleine Geschenke der Liebe machen.

Ihr sagt von euch selbst: Ich bin. Ich sage euch: ICH BIN! Doch ich war vor euch, und ich werde immer sein. Ihr fürchtet euch auf dieser Erde, weil ihr euch Gefahren schafft, welche weder von mir noch in meinem Sinne sind. Doch ich sage euch: Eure Furcht wird tausendmal größer sein, wenn ich euch beim Namen rufe und ihr die Gewißheit haben werdet, daß ICH wirklich BIN!

Wer von euch würde auf den Gedanken kommen, einem Säugling die Funktionen und technischen Einzelheiten eines Fernsehapparates zu erklären? Dies erscheint euch lächerlich. In der Tat, ihr stellt dieses Ansinnen in ähnlicher Form an mich. Dies erscheint euch aber nicht lächerlich. Ihr verlangt Einsicht in alle Einzelheiten der Funktionen des Geistigen Reiches. Ihr wollt die genauen Aufbaugeheimnisse der Seele bis in jede Einzelheit erklärt haben, trotzdem ihr nicht fähig noch mündig für diese schwere Erklärung seid. Sie übersteigt euer ganzes Fassungsvermögen. Begnügt euch mit der Tatsache, daß eure Seele existiert und unvergänglich ist. In unendlichen Zeitabläufen werdet ihr so weit wachsen und erfahren sein, daß ihr auch dieses Geheimnis ' is in jede Einzelheit studieren könnt. Ich schätze es nicht, wenn man sich um Dinge kümmert, die nur reine Zeitverschwendung bedeuten. Euch wird jede Erkenntnis gegeben, die ihr geistig verarbeiten könnt. Das Alphabet beginnt auch mit dem A und nicht mit dem B. Darum sage ich euch: In den Belangen, die mich betreffen, seid ihr alle Kinder, die erst fleißig das A üben müssen, bevor ihr an andere Dinge herangehen könnt. Laßt euch aber gesagt sein: Ich habe Augen und Ohren. Ich habe Verstand und Gefühl. Ich habe alle Sinne, die ihr auch habt. Aber ich habe sie in einer derartig superlativen Weise, daß ich sie keinem Säugling erklären kann. Er würde es weder fassen noch ahnen.

Ich bin euer Erzeuger und euer Vater und ich kenne alle meine Kinder beim Namen, und ich kenne ihren Charakter, ihren Willen, ihren Ehrgeiz oder ihre Böswilligkeit und ihre Unvernunft. Ich lege fest, wo sich meine Kinder aufzuhalten haben. Dabei ist es unwesentlich, ob sie sich in meinem Reich oder im Reich von Luzifer befinden. Das Reich, in dem meine Kinder leben wollen, wählen sie sich selbst auf Grund ihres eigenen Verhaltens. Mein Reich ist ein sauberes Reich, und ich lasse niemanden von meinen Kindern herein, die sich durch Faulheit, Trägheit oder durch ein schlechtes Benehmen auszeichnen, ganz gleich, ob es sich um Arbeiter, Professoren oder Theologen handelt. Ich prüfe das Herz und nicht das Schulwissen. Seid wie die Kinder!

Ihr habt ein Wort gefunden, wenn die Begriffe von Geist zu Geist, von Hirn zu Hirn überspringen: ‚Telepathie'. Es ist unwichtig, wie ihr es nennen mögt. Der Vater vernimmt die Stimme seiner Kinder von einem Ende der Unendlichkeit bis zum anderen Ende der Unendlichkeit. Ich vermag mich auf jede Gedankentätigkeit einzuschalten, denn ich bin die Zentrale, ich höre alles mit und es interessiert mich sehr viel. Ich höre euer Geschrei, eure Not, euren Haß, eure Besserwisserei. Aber ich höre auch eure Gebete. Leider kommen aus dieser Richtung nur wenige. Aus anderen Welten höre ich mehr. Wer mit mir Verbindung sucht, wer mir etwas zu sagen hat, wer mir eine Bitte vorbringen möchte, der tue es in völlig selbstloser Liebe. Ich verschließe meine Ohren, wenn eure Bitten keine wahren Gebete sind. Ich höre eure Klagen. Doch habt ihr schon einmal darüber nachgedacht, ob ich auch eine Klage hervorzubringen habe?

Ihr beklagt euch, daß ihr mit Krankheiten zu kämpfen habt, daß ihr schwer arbeiten müßt, daß es euren Mitmenschen besser geht, daß ihr Furcht vor dem Krieg habt, daß ich nicht das Unrecht strafe. Die Krankheiten kommen aus euren selbstsüchtigen Vorleben, sie reichen Jahrtausende zurück. Die Arbeit ist längst nicht das, was meine Kinder auf anderen Planeten tun. Doch ihr arbeitet sinnlos an ewiger Zerstörung, baut auf, schafft Werte und zugleich plant ihr die restlose Zerstörung. Ihr arbeitet noch nicht genug, doch ich könnte euch mehr Arbeit verschaffen, als ihr ahnt. Ich könnte euch eine Weltkatastrophe schicken, die ihr euch nicht vorstellen könnt. Euren Mitmenschen geht es nicht besser, sondern sie leiden an ihrer Unersättlichkeit. Die Furcht vor einem Krieg ist die Frucht eures ganzen Verhaltens. Jeder Bruder, jede Schwester ist euer Feind. Ihr bedroht euren Nächsten, die Masse bedroht euch alle zusammen. Ich strafe nicht das Unrecht, das Unrecht straft euch allein!

Ich habe nichts dagegen einzuwenden, wenn meine Kinder mich Natur nennen und mein Planen und Wirken mit dem Wort ‚Gesetze' bezeichnen. Daß ich unfaßbar für eure Begriffe bin, ist nicht eure Schuld, sondern ein Mangel an Entwicklung. Doch euer eigenes Schaffen und die Benutzung meiner Gesetze, deren Ursprung euch nicht klar ist, verschleiert zunehmend meine eigentliche Schöpfung. Ihr verleugnet im Vergleich zu euren eigenen Errungenschaften, die euch so großartig erscheinen, den intelligenten Aufbau des Universums. Als ihr noch primitiv wart und ihr noch nichts von Gottes Gesetzen wußtet, da sagte euch die eigene Ahnung, daß ein größeres Wesen als ihr der Baumeister und Erhalter der Erde sein muß. Euer Schaffen nennt ihr Technik. Wie aber wollt ihr mein Schaffen bezeichnen? Heute habt ihr eine winzige Ahnung von der Größe des Universums und seiner Vielgestaltigkeit. Glaubt ihr immer noch, daß ein kurzes Erdenleben meiner Kinder die großartige Erschaffung des Universums rechtfertigen kann? Dazu habe ich die mühevolle Arbeitsleistung, die nach Äonen rechnet, nicht aufgebracht. Meine Kinder sollen nicht in einem kurzen Erdenleben einen winzigen Teil des Planeten Erde sehen, sondern im Laufe von Äonen das ganze Universum, das ich für euch erschaffen habe. Ihr wendet auch keine Mühe auf, um Großes zu schaffen, wenn es nicht voll ausgenutzt wird bis zum Letzten.

Hört auf meine Worte, denn ich kann jeden von euch beschränken.

Hört auf zu streiten! Hört auf zu diskutieren. Wenn ich spreche, dann solltet ihr besser schweigen. Ich werde zu euch sprechen durch meinen Willen, und es wird keiner unter euch sein, der diese Sprache nicht vernehmen wird. Ich habe euch nie gezwungen. Ich werde das auch nie tun. Ich stehe euch bei in eurer Not. Doch ihr werdet diese Not nicht eher loswerden, bis daß ihr euch mit eurer ganzen Seelenkraft an mich, das heißt, an meine geistige Organisation klammert. Es wird jetzt eine Zeit kommen, wo ihr den Phänomenen, Wundern, Geistererscheinungen und übersinnlichen Botschaften über außergewöhnliche Mittler zujubeln werdet, statt alle diese großartigen Beweise meiner wahrhaften Existenz zu verspotten.

Es gibt zwei gewaltige Dinge, die ihr begreifen müßt. Die Ursache und die Wirkung. Ich bin die Ursache. Das Universum ist die Wirkung. Doch was seid ihr? Gehört ihr zur Ursache oder zur Wirkung? Euer Körper gehört zu einer Gemeinschaft von vielen, vielen Zellen, die sich zu einem System zusammenfügen. Doch euer Geist, eure Seele ist kein Zellensystem. Jede Seele ist eine geistige Einheit, gewissermaßen eine Zelle, die zu mir gehört. Die ganze universelle Menschheit, die aus mehr Seelen besteht, als es Himmelskörper gibt, bilden Gemeinschaften und Systeme, die meinen Organismus bedeuten. Ihr werdet es nicht für möglich halten, wenn ich euch sage, daß es ein Organ in meinem geistigen Körper gibt, das krank ist. Dieses Organ nenne ich ‚Erdenmenschheit'. Soll ich mich operieren lassen? Ich hoffe, daß dieses wichtige Organ bald gesunden wird, denn Christus wird seine Hand auf dieses Organ legen und es heilen in meinem Namen!

Meine Kinder lieben es, auf Erden Verträge abzuschließen. Doch diese Verträge sind noch nie gehalten worden. Stets wurden sie geändert oder annulliert. Eure Friedensverträge sind immer nur leere Versprechungen gewesen. Ich sage euch heute: Ihr könnt auf Erden keinen gültigen Friedensvertrag unter euch abschließen, bevor ihr nicht einen wirklichen Friedensvertrag mit mir abgeschlossen habt! Ich habe euch vor Jahrtausenden diesen Frieden durch meine Engel und Propheten angeboten, ihr aber habt die Bedingungen nicht angenommen. Ich habe trotzdem alle Bedingungen und Versprechungen erfüllt und erfülle sie auch heute noch, ohne jede Gesetzesänderung. Ein Frieden ohne Erfüllung jener Bedingungen, die ich euch gestellt habe, ist unmöglich. Darum seid dessen gewiß, daß jede Anstrengung für einen irdischen Frieden ergebnislos und reine Zeitverschwendung ist. Lernt erst einmal die Verträge achten und halten. Ich schloß mit euch einen Bund, richtet euch danach und achtet den Friedensbund, den ich euch angeboten und auch gehalten habe. Im selben Augenblick, da ihr meinen Friedensvertrag akzeptiert und die Bedingungen eurerseits erfüllt, ist der gerechte Frieden auf der ganzen Welt nur noch ein Kinderspiel. Ein solcher Friede ist dann nicht allein ein irdischer Friede unter den

Menschen, sondern ein universaler Triumph! Denkt einmal darüber nach!

Das Elfte Gebot, das ich euch verkünde, lautet: ‚Du darfst deine Mitmenschen, die meine Kinder und deine Schwestern und Brüder sind, nicht versklaven!' Denn versklavt werden nicht nur einzelne Menschen, sondern ganze Völker. Sie versklaven sich gegenseitig oder ziehen ihre besten Söhne zum Wehrdienst ein, um sie zu versklaven. Die Politik, die Gesetze, die Gerichte, die Behörden, die Unternehmer, das Familienhaupt, der Stärkere in jedem Fall, alle versklaven diejenigen Mitmenschen, die es sich aus ihrer Not, aus Gutmütigkeit, aus Unterlegenheit gefallen lassen müssen, ob sie wollen oder nicht, weil sie finanziell, geistig oder körperlich die Schwächeren sind oder sich der Mehrheit beugen. Konzentrationslager, Gefängnisse, Verbannungen, Zwangsarbeit sind die sichtbaren Versklavungen. Es gibt viele tausende Arten der Versklavung. Es genügt schon eine Kränkung oder ein böses Wort. Versklavt nicht die Kinder! Kinder können sich gegen die Gewalt der Erwachsenen nicht wehren. Versklavte Menschen versklaven ihre Mitmenschen in dem Augenblick, wo sie nur die geringste Möglichkeit dazu haben. Der Mensch, der sich von seinen Leidenschaften versklaven läßt, und dazu zählen auch die Genußgifte, oder wer seine Brüder und Schwestern mit sichtbaren oder unsichtbaren Mitteln versklavt, der wird durch die unfehlbare Gerechtigkeit im Reiche des Geistes versklavt werden! Nicht durch mich, sondern durch sich selbst!!!

Das Zwölfte Gebot lautet: Du sollst die Freiheit, die ich dir gegeben habe, heilig halten und nicht zu deinem Vorteil mißbrauchen. Um die Freiheit wird seit Menschengedenken gekämpft. Ein Zeichen dafür, daß die Freiheit etwas Kostbares ist. Ihr habt die Freiheit als ein Geschenk der Liebe empfangen, damit ihr im Erdenleben nicht behindert sein sollt. Ihr sollt euren Verstand, eure Sinne und Gefühle sowie den Willen frei entwickeln können und durch Selbsterkenntnis und Erfahrung in mein Reich eingehen, um dort die Symbole der absoluten Freiheit aus meiner eigenen Hand zu empfangen. Statt nach der Freiheit zu trachten, befaßt ihr euch mit Unterdrückung und mit Krieg. Die Freiheit ist die absolute Wahrheit einer friedlichen Existenz. Freiheit kann nicht mit Gewalt erreicht werden, denn sie ist die Krone einer Erkenntnis! Ihr braucht die Freiheit nicht zu erkämpfen, noch zu suchen, denn ihr habt sie, da ich sie euch gab. Stellt den Mißbrauch mit dieser Freiheit ein, damit sie euch segnet!

Ich kann euch verstehen, daß es jetzt für euch schwer ist, mich zu begreifen. Die Wand jedoch, die euch von mir trennt, habt ihr selbst aufgerichtet, und ich selbst vermag diese Wand nicht aus dem Wege zu räumen, ohne das Gesetz der Freiheit anzutasten. Ihr werdet nun einwenden, daß ich dann nicht allmächtig bin. Doch das hat nichts mit meiner Allmacht zu tun. Ich bin nicht allein mächtig durch meinen Geist und durch meinen Willen, sondern auch durch meine Diener, meine Engel, meine Hüter der Ordnung im Universum und durch meine unvorstellbar große Menschheit. Leider gehören nur sehr wenige Menschen dieses Sterns zu den Dienern, die meine Allmacht unterstützen und auf die ich mich verlassen kann. Meine Allmacht wird sich dennoch beweisen durch die Ohnmacht, in die ihr euch bringt und in die ihr euch bringen laßt. Ich weiß, daß mich alle Kinder auf dieser Erde verehren und lieben würden, wenn sie Gewißheit hätten, daß ich wirklich existiere und der Schöpfer des Universums bin.

Der Zweifel macht euch krank, selbstsüchtig und unlogisch. Denkt einmal gewissenhaft nach, ob euer Zweifel irgendwie berechtigt ist. Ich gab euch die Gewißheit meiner Existenz. Ich gebe euch die Gewißheit täglich. Doch erwartet nicht von mir, daß ich ungerecht bin, weil ich angeblich nicht in euer Schicksal eingreife. Ich lasse euch die Freiheit der Selbstentscheidung. Ich zwinge euch nicht, mir zu gehorchen, aber ich wünsche, daß ihr den Weg findet, der euch zu mir führt. Macht nicht den Fehler, daß ihr mein Denken mit eurem Denken vergleicht. Ihr seid mein Ebenbild nicht im Denken und Handeln, noch im Aussehen, noch in eurer Macht, sondern ihr seid mein Ebenbild in der Unsterblichkeit und Entwicklung des reinen, tatkräftigen Geistes. Euer Geist braucht Schulung.
Darum gab ich euch einen Körper.

Wenn ein Kind trotz aller Warnungen und liebevollen Ermahnungen seinen Vater verläßt und in die unbekannte Fremde zieht, so ist es vom Elternhaus getrennt und dem unbekannten Schicksal ausgeliefert. Fast alle meine Erden-

kinder haben mich verlassen und sind blindlings ins Verderben gelaufen. Sie machen mir jetzt den Vorwurf, daß ich sie nicht zurückgehalten habe. Sie klagen, daß sie verlassen sind, krank werden und vom Tode bedroht sind. Ist es meine Schuld oder ist es eure Schuld? Womit sollte ich meine Kinder zurückhalten? Mit der Gewalt oder mit Unfreiheit? Ihr hattet die Freiheit und die Selbstentscheidung, ihr habt danach gewählt und gehandelt. Doch diese Freiheit und Selbstentscheidung habt ihr unverändert auch bis zum heutigen und morgigen Tage. Darum steht es euch frei, ins Vaterhaus zurückzukehren. Ich bin nicht nachtragend und vergesse gern, was Irrtum und Zweifel angerichtet haben. Es scheint mir aber, daß euch der Entschluß damals leichter gefallen ist. Ihr hattet mehr Vertrauen zum Ungewissen als zu mir.
So ist es leider geblieben, bis zum jetzigen Augenblick.

Auf diesem Stern habe ich viele Kinder, die da meinen, daß das ganze Sein sich ganz aus sich selbst heraus entwickelt hat. Doch wissen meine naseweisen Kinder, daß sie über allem Leben stehen, Macht über meine Schöpfung haben und genug Verstand besitzen, über sich selbst und viele Dinge nachzudenken? Ihr glaubt euch als die größte und intelligenteste Schöpfung einer unintelligenten Natur, die nicht denken und fühlen kann. Kein Volk dieser Erde kommt ohne einen Führer und Herrscher aus. Wer meint zu wissen, daß das Universum keinen Führer oder Herrscher braucht? Ihr wähnt euch an kleiner Stelle. Doch wenn ihr meinen Thron besteigen wollt, um das Weltall zu regieren, wie wollt ihr es regieren? Mit Haß, mit Vernichtung, mit Größenwahn, mit Verachtung, mit Lieblosigkeit, mit Verantwortungslosigkeit, mit Unterdrückung, mit Zwang und Auflehnung gegen die Naturgesetze? Das Universum würde nicht lange existieren, denn es würde im unbeschreiblichen Chaos untergehen, unvergleichlich schneller, als es aufgebaut worden ist. Wie kann man nur so töricht denken? Es wird noch sehr viel Geduld kosten, bis ihr euren Hochmut überwunden habt, der euch so zu Fall gebracht hat, daß ihr in diesem Leiden immer wieder leben müßt. Doch ich lasse euch selbst entscheiden!

Ich schicke euch auf diese Erde. Ihr existiert jedoch nicht vom Tage eurer Erdengeburt an. Eure Existenz liegt unendlich weit zurück, denn sie hat ihren Ursprung im Geistigen Reich. Ihr könnt mir glauben, daß ich meine guten Gründe dafür habe, eure Erinnerung sehr zu beschränken. Erst wenn ihr in wahrer Liebe untereinander lebt, werde ich euch diese Erinnerung an den Ursprung eures Seins zurückgeben. Bemüht euch, meine Gesetze zu halten und zu achten, besonders das Gesetz der Liebe. Ich tue unendlich viele Wunder, wie man sagt, doch ich vollbringe kein einziges Wunder ohne Liebe! Darum ermahne ich euch immer wieder: Lebt nach den Gesetzen der Liebe in vollkommener Harmonie und Bescheidenheit. Dann werdet ihr, wie ich, unendlich viele Wunder vollbringen, die ich gutheißen werde, und es wird für euch auch kein unmöglich mehr geben!
Es ist eine völlig falsche Annahme, daß ich fern von euch

bin. Ihr sucht mich immer wieder im unendlichen Universum oder im großen All. Ihr wißt doch durch eure technischen und sonstigen sogenannten wissenschaftlichen Erkenntnisse, daß Strahlen vieler Art alles durchdringen. Ich durchdringe mit meiner eigenen Kraft alles, auch euren Körper, euer Herz und eure Seele. Darum bin ich in allem, was existiert. Ich bin in euch, um euch, über euch und nie zu weit entfernt. Wo ich nicht bin, da ist nichts mehr, weder Licht noch Dunkelheit, weder Tod noch Leben, weder Gesetz noch Schwingung. Ich bin alles in allem die Kraft, die Intelligenz und die Erfahrung, ja selbst die Ewigkeit. Ich habe euch eingeschlossen in alles, was existiert. Ich gebe und erhalte alles und fordere nichts.

Ihr könnt nicht sagen, daß euch der Frevel nicht bewußt ist. Ihr wißt sehr gut, was ihr macht. Doch ihr achtet eure Werke nicht, noch weniger die Werke eines anderen. Das ganze Geistige Reich und das Universum dazu schuf ich für euch, aber ihr achtet beides nicht, noch weniger, weil ich es erschaffen habe. Nun wartet ihr auf ein Strafgericht, weil es in der ‚Heiligen Schrift' steht. Glaubt ihr, daß ich ein Vernichter bin, statt ein Schöpfer? Warum soll ich euch noch strafen, wenn ihr selbst euer Unglück bereitet? Ich werde euch Hilfe senden, doch keine Hilfe, wie ihr sie erwartet, sondern so, wie ihr sie nach meinem Guthalten wirklich braucht. Ich werde euch eine Wissenschaft und eine Technik senden, da diese Dinge euch zur Zeit mehr bedeuten, als alles andere auf der Welt.
Doch diese Wissenschaft und diese Technik, die ich euch

sende, wird euch vor Scham auf die Knie zwingen.

Wenn ihr in Not seid oder Wünsche habt, so soll euch das Gebet helfen! Doch nur wenige wissen, was ein Gebet ist, welche Kraft es hat, noch wie es gesprochen wird.
Ich weiß, daß Millionen meiner Kinder, die ich auf diese Erde geschickt habe, täglich von Herzen beten. Ich höre jedes Gebet und erfülle es auch. Doch nur wenige Gebete steigen von dieser Erde zu mir empor und erreichen mich wirklich! Merkt euch wohl: Alle eure Gebete gehen durch das feinmaschige Sieb meiner Engel, Lichtboten, Schutzpatrone und Helfer! Wenn das Gebet berechtigt ist, so passiert es diesen Filter und wird an mich herangetragen.
Leider bleiben die meisten Gebete im Sieb der Gerechtigkeit stecken. Seid bitte nicht so leichtsinnig mit euren Gebeten! Fast alle eure Gebete sind egoistisch, nächstenfeindlich, anmaßend, fordernd und völlig unüberlegt.
Darum sage ich euch durch meine bevollmächtigten Engel: Filtert und siebt alle eure Wünsche und Hilferufe selbst durch die feinen Maschen eures Verstandes, ehe ihr daran geht, diese Wünsche und Bitten als ein Gebet vorzutragen. Wenn ihr das befolgt, so werden eure Gebete, die dann wirkliche Gebete sind, von mir und meiner Organisation bis auf das letzte erfüllt werden.

Die Gebete auf dieser Erde nehmen zu. Der Ernst eurer Lage wird euch immer mehr bewußt. Es gibt Kinder dieser Welt, die über mich spotteten und jetzt beten! Viele von euch verlangen von mir eine Soforthilfe. Viele verlangen eine irdische Katastrophe. Eure Gebete sind sehr verschieden in ihren Forderungen, die ich erfüllen soll. Soviel ihr aber auch betet, ihr habt weder den richtigen Ton noch die richtigen Worte und auch nicht das Vertrauen.

Ich höre euch milliardenmal sagen: ‚Großer Gott!' Aber ihr habt keine Ahnung von den Begriffen ‚groß' und ‚klein'! Wohl habt ihr Worte erdacht wie Mikrokosmos und Makrokosmos, Ewigkeit und Dimensionen. Zu gern möchtet ihr wissen, wie ich wirklich bin, weil ich euch nicht sichtbar genug begegne. Doch wenn ich es täte, was wäre dann? Es bräche ein Chaos ohne gleichen über euch herein. Doch fürchtet euch nicht, es wird und soll nicht geschehen. Ich will euch mit euren selbst erdachten Begriffen erklären, wie und was ich bin! Ich bin keine Größe, sondern eine Dimension! Eine Dimension kann man nicht erkennen, errechnen noch erfassen. Eine Dimension ist ein Lebensbereich eigener Prägung. In eine Dimension kann man nicht hineindringen, sofern man nicht hineingehört. Ihr gehört alle nicht in meine Dimension, nicht ein einziger auf Erden, und so bleibe ich für euch unfaßbar, unbegreiflich, unbeweislich. Doch ich habe es so eingerichtet, daß ich euch nicht für ewig fremd bleibe. Ich mache euch reif für meine Dimension. Ihr erkennt meine Existenz und meine Macht nur von dem Tage an, da ihr wie ich in einer anderen Dimension lebt. Der Tag des Todes ist der erste Schritt in meine Dimension, der Schritt in mein Geistiges Reich. In diesem Reich erkennt ihr alle Dinge nicht allein mit dem Verstand, sondern mit dem Herzen. In eurem

Erdenleben hat der Verstand die Stimme des Herzens bereits verdrängt.

Ihr habt euch dicke Gesetzbücher geschaffen, um die Schuldigen zu bestrafen und die Gerechten zu schützen. Die irdischen Richter walten ihres Amtes, und ihr fürchtet mehr oder weniger das irdische Gesetz. Ich habe nur einige Paragraphen und keine dicken Gesetzesbücher, doch ihr fürchtet diese Paragraphen und auch die Richter nicht, weil ihr leider glaubt, daß ihr euch hinter dem Tod verstecken könnt. Ich finde euch alle, ohne eine einzige Ausnahme hinter dem Tod und erinnere euch dann durch meine Richter an die Paragraphen, die euch alle bekannt sind.

Ihr streitet euch herum, ob ich existiere oder nicht. Kann ich mich so schwer für euch verständlich machen? Nein! Das ist es nicht. Ich rede allezeit auf euch ein, und ihr nehmt auch meine Worte zur Kenntnis und bewahrt sie auch auf. Doch was ich euch zu sagen habe, sagt euch leider nicht zu, es steht im Gegensatz zu allem eurem Tun und Wünschen. Darum lehnt ihr meine Existenz ab und erfindet deshalb tausend Erklärungen, die alle beweisen sollen, daß ich weder Verstand noch irgend einen Sinn habe. Würde ich mit Worten reden, die alle eure Leidenschaften und Laster erlauben und verherrlichen, so würdet ihr an meiner Existenz nicht einen Deut mehr auszusetzen haben. Das betrübt mich sehr! Ich weiß, daß ihr über mich spottet. Doch ich weiß auch, daß dieser Spott nicht mir gilt, sondern einem Gott, den es nicht gibt. Der Name tut nichts zur Sache. Ich bin euer Ursprung. Und wenn ihr diesen nicht ehrt und achtet, so daß er euch zum Lästern erscheint, so geschieht das darum, weil ihr wißt, wie erbärmlich und allem preisgegeben ihr seid. Würdet ihr aber euren eigenen Ursprung erkennen, lieben, achten and ehren, so wäre es euch unmöglich, darüber zu spotten. Wahrlich, ihr seid alle vom Ursprung her bedeutender und befähigter als ihr ahnt, denn ihr seid alle aus meiner Person gezeugt. Doch wenn man seine Herkunft nicht kennt, nicht die Größe aller Gaben, die euch verliehen sind, so kann man sich nicht daran erinnern, oder von seinen Gaben den richtigen Gebrauch machen.

Manche Menschenkinder haben eine direkte Abneigung, mich als eine Person zu akzeptieren, sei es auch nur als eine geistige Person. Nun, das allein wäre nicht so wichtig. Wen es stört, der mag mich nur als das wirkende Gesetz auffassen. Doch Gesetze haben ihren Zweck, und ihre Übertretungen finden immer ihren Ausgleich. Wer mich also als ein Gesetz betrachtet, das ihr mit dem Namen Natur bezeichnet, der möge sich über den Sinn und die Auswirkung eincs Gesetzes im Klaren sein. Es geht nicht, daß man eine so hohe und wirkungsvolle Bezeichnung, wie das Wort Gesetz, einfach nur anwendet und sich nicht im geringsten darüber Gedanken macht. Wenn ich, das Gesetz, nicht da wäre, wäre nicht das Universum entstanden, denn es entwickelt sich gesetzmäßig, und kein Gesetz ist möglich, wenn der Gesetzgeber, das heißt, die Intelligenz fehlt. Ein Dummer macht dumme Gesetze, ein

Kluger handelt aus Erfahrung weise. Das Universum ist die Summe meiner Erfahrungen!

Ich frage euch: Könnt ihr in eurem Erdenleben etwas gestalten oder schaffen, planen, erkennen oder bewundern, wenn ihr nicht mit dem Verstand und allen Sinnen ausgestattet wäret? Ich könnte es auch nicht, wenn ich nicht Verstand und alle Sinne hätte. Ihr könnt kein Haus bauen, wenn euer in euch wohnende Geist euch nicht jede Kleinigkeit dazu befiehlt. Das fertige Haus ist das Resultat serienweiser Gedanken, Planungen und Befehle, die sich den Gliedern, der Sprache und den Mitmenschen mitteilen. Mein großes Haus, das Universum, ist auf die gleiche Art zustande gekommen. Doch das Material war immer das Gleiche, nur mit dem Unterschied, daß ich es in unendlichen Zeitabläufen nach meinen Vorstellungen und Überlegungen wandelte.

Merkt euch wohl: Jede Gewalt ist von Übel. Jeder Zwang ist eine Form von Gewalt. Warum, so frage ich euch, traut ihr mir dieses Übel zu? Es gibt viele unter euch, die von mir die Gewalt oder den Zwang fordern und mich nicht verstehen wollen, weil sie Anhänger der Gewalt und der Torturen sind. Durch Zwang und Gewalt kann keine Einsicht erreicht werden, höchstens Furcht vor der Überlegenheit. Ihr aber sollt meine Überlegenheit nicht fürchten, sondern ihr sollt Vertrauen zu mir haben. Meine Überlegenheit erlöst euch von allem Übel, sie bringt euch Licht ins Unglück. Jedes Unglück kommt nur aus eurem engstirnigen Verhalten. Merkt euch das bitte und handelt danach!

Ihr seid der Meinung, daß ich ein großer Zauberer bin. Ein Wort von mir oder ein Gedanke, und schon ist alles da, was ihr euch wünscht. Da muß ich euch leider enttäuschen. Das ganze Universum, angefangen vom winzigsten Atom bis zum größten Stern, ist in Äonenzeiten in unendlich schwerer Arbeit entstanden. Auch mir blieb nichts erspart, keine Enttäuschung, keine Anstrengung. Auch ich plagte mich mühevoll, Tag und Nacht. Zwar schuf ich mir meine Mitarbeiter, aber dennoch trug ich das Maximum aller Arbeit. Doch nun schaue ich schon lange zu, wie ihr mit meinem Universum umgeht! Man sagt, ich sei der Schöpfer allen Seins. Und nun vermag niemand zu begreifen, warum im Universum das Böse existiert. Ich habe die Schöpfung ins Leben gerufen, doch ich habe sie noch nicht vollendet. Ich gab jedem Wesen das Leben und die Freiheit. Doch jedes Leben und jedes Wesen wirkt durch meine ewige Kraft in sich. Darum ist jedes Wesen in der Lage, etwas in sich schöpferisch zu entwickeln, so wie ich, der Vater allen Seins, schöpferisch tätig bin. Die von mir jedem Wesen gegebene Freiheit gibt jedem die Macht, sich zum Guten oder zum Bösen zu entwickeln. Entwickelt sich ein Wesen zum Bösen, so ist es nicht mein Prinzip. Ich bin bemüht, meinen Kindern das zu erklären. Doch ich bin nicht gewillt, meine Gesetze zu ändern, denn ich schaue weit voraus! Wohlgemerkt, alle Kraft stammt von mir, auch das Böse benutzt meine Kraft. Jedoch das Böse selbst ist nicht von mir, es hat sich aus der von mir gegebenen

Freiheit und Selbständigkeit entwickelt. Doch auch das Böse kann ohne mich nicht existieren, es verliert nach und nach seine Kraft, denn ich gebe keine Kraft dafür hinzu!

Es ist eine entsetzliche Tragik, daß mein verlorener Sohn, mein größter Widersacher und Gegenpol, mich fürchtet. Würde er mich lieben, so wie ich ihn liebe, so würde er keine Furcht zeigen, und alles wäre gut. Es ist eine noch größere Tragik, daß die Menschen dieser Erde seinem Beispiel gefolgt sind. Sie wissen, daß sie gegen alle meine Gebote und Gesetze handeln, und darum fürchten sie sich vor etwas Höherem. Würden sie mich mehr lieben und keine Furcht zeigen, so wäre alles gut. Aus allem sehe ich, daß meine Kinder mich verleugnen, weil sie meine Macht ahnen und fürchten. Eure Furcht vor der unfaßbaren Macht, die ich besitze, veranlaßt euch, in jeder Weise vor mir zu fliehen. Aber das ist ein sehr törichtes Verhalten, denn vor mir kann niemand entfliehen, auch wenn er sich einredet, daß ich nicht existiere.

Ihr stöhnt, das Leben auf der Erde sei schwer. Ihr macht mir Vorwürfe, daß ich euch das Leben nicht erleichtere. Alles aber, was ihr auf leichte Weise im Leben erhaltet, ist euch nichts wert. Was wäre euch ein leichtes, bequemes Leben wert, das ich euch allen schenken würde? Doch wenn euch der gefallene Engel ein Leben auf der Erde schwer macht und ihr hart um eure Existenz ringen müßt, so ist euch dieses Leben nicht einmal soviel wert, daß ihr die Mühen und Leiden eurer Mitmenschen achtet. Ich sage euch: Lernt für die Wahrheit, für die Liebe und für die Gerechtigkeit zu leiden, sonst sind euch diese höchsten Tugenden und Eigenschaften nichts wert! Euer Wertbegriff richtet sich nach Angebot und Nachfrage. Ich werde das Angebot so niedrig halten, daß die Nachfrage ins Unermeßliche steigt, damit die wahren Tugenden im Werte steigen und auch ein hartes Leben einen realen Wert bekommt.

Euer Wehklagen erreicht mein Ohr. Aber auch euer Mißtrauen bleibt mir nicht unbekannt. Ihr habt die Hoffnung aufgegeben und erwartet keine Hilfe mehr von mir. Darum will ich euch ein Geheimnis verraten. Ihr sagt zum Beispiel, daß ihr nicht aus eurer Haut könnt, um Wunder zu vollbringen. Ich kann ebenso wenig aus meinem Geist, um solche Wunder zu vollbringen, die ihr von mir erwartet. Doch wenn ihr euch besinnt, eure Vernunft walten laßt und guten Willens seid, so rate ich euch: Bemüht euch und macht den Anfang zum friedlichen und gerechten Leben. Schafft Ordnung in eurem euch zugeteilten Hause des Universums, dann will ich nicht abseits zuschauen, sondern mit zupacken, und mit vereinten Kräften wird das größte aller Wunder geschehen, so wahr ich euer Vater und Ernährer bin. Achtet mein Gesetz, damit es euch hilft! Durch meinen Sohn habe ich zu euch gesprochen: ‚Liebe deinen Nächsten wie dich selbst'. Ihr bemüht euch nicht, euren Nächsten zu verstehen noch zu lieben, und ihr bleibt euch untereinander fremd und seid gegeneinander feindlich bis auf den grausamsten Tod. Nun frage ich euch:

Wie wollt ihr auf diese Weise mich verstehen, der ich so viel unterschiedlicher als der Nächste bin? Ihr wähnt euch im Besitz der Macht. Wer hat euch diese Macht gegeben? Wer aber hat euch gesagt, daß ihr diese Macht mißbrauchen sollt? Jeder Mensch auf diesem Stern ahnt, daß jede Macht aus meinen Händen kommt. Ich habe die größte Macht im unendlichen All. Doch ist mir nie der Einfall gekommen, diese Macht für das Böse zu verwenden. Soll ich euch aber die Macht nehmen? Ich nehme nichts zurück, was ich einmal gegeben habe, aber ich rate euch dringend, die Macht für etwas Gutes zu verwenden. Die Macht ist an meine Gesetze gebunden, und meine Gesetze sind unveränderlich! Flieht vor mir, doch vor meinen Gesetzen könnt ihr nicht ausweichen, sie sind im ganzen All wirksam! Ihr glaubt hoffentlich nicht, daß ich euch alle tadle oder gar verdamme. Es gibt viele, viele Menschen im Universum, die in meinem Sinne denken und handeln. Ihr sagt: Bei Gott ist kein Ding unmöglich. Doch laßt euch bitte sagen, daß manches Ding seine Zeit zur Entwicklung braucht, besonders wenn es neuartig ist und der Erfahrung bedarf. Es ist keinesfalls so, daß große Dinge im Augenblick entstehen. Auf anderen Sternen gibt es Dinge, die für euch unfaßbar sind, obwohl sie durch die Intelligenz und Mühe von Menschen entstanden sind, die aber eine bessere Erfahrung haben als ihr. Ihr habt leider die besten Erfahrungen in allen Arten des absolut Bösen, in der Zerstörung aller Werte, aber nur sehr wenig Erfahrung im Guten gesammelt. Darum schafft ihr viel mehr intelligentes Böses als Gutes. Hierin besteht der große Unterschied zwischen Erdenmenschen und anderen Sternenmenschen in meinem ganzen Universum. Aufgrund dieser Tatsache kann ich euch leider nicht die besten Räume in meinem großen Zuhause zur Verfügung stellen.

Ihr fordert mich heraus. Ich soll mich zeigen. Genügt es nicht, daß ich mich offenbare? Warum soll ich mich zeigen, da ihr meine ganze Schöpfung vor Augen habt? Es genügt euch doch sonst, die größten Errungenschaften der Technik zu bewundern und zu akzeptieren, ohne den Erfinder oder Produzenten sehen zu müssen. Wer mich in der Schöpfung nicht findet, der wird mich auch nicht erkennen, wenn ich mitten unter euch weilen würde. Um mich zu beweisen, müßte ich große Wunder vollbringen. Ich aber sage euch: Ich tat alle großen Wunder und ich tue sie zu jeder Sekunde. Allein, es genügt euch nicht. Selbst wenn ich überdimensional am Himmel als Person erscheinen würde, ihr würdet mich nicht erkennen, sondern erklären: ‚Die Wissenschaft steht vor einem Rätsel.' Darum muß die Saat erst reifen, ehe sie geerntet werden kann. Ich habe die Arbeiter aufgerufen und sie gebeten, sich bereit zu halten.

Es gibt auf Erden Menschen, die von mir nichts wissen wollen, und sie versuchen ihr Leben und ihr Dasein selbst zu meistern. Das ist ein guter und positiver Vorsatz, den ich unbedingt gutheiße, doch leider muß ich mit ansehen, daß sich diese Menschen etwas zuviel zugemutet haben, denn sie werden mit ihrem Dasein allein nicht fertig. Ich bin der

Meinung, daß man nicht eingreifen soll, wenn man nicht um diese Hilfe gebeten wird. Doch wenn ich diese Hilfe leiste, so wird niemand wissen, wer sie tat, denn man soll das Selbstbewußtsein niemals untergraben. Der Mensch soll sich seiner positiven Erfolge stets erfreuen und nicht in dem Glauben sein, er hätte nichts dazu getan. Schimpft auf mich, so viel ihr wollt, doch bringt euch nicht gegenseitig um, denn das ist nicht unfähig und töricht, nein, das ist eine furchtbare Selbstverstümmelung eurer eigenen Seele, die ich nur sehr schwer heilen kann. Ich nehme lieber eure Schmähungen in Kauf, als daß ihr euch selbst etwas Böses antut. Hört auf meine Botschafter, sie sind ermächtigt und sagen euch alles! Wenn ich den Menschen alle Sorgen abnehme, so daß sie wissen, wer ihnen hilft, so werden sie noch unselbstständiger werden und sich nur noch auf den ‚lieben Gott' verlassen. Wo würde das hinführen?

Meine Erdenkinder möchten gern die Welt regieren. Was heißt denn eigentlich ‚regieren'? Es heißt so viel wie ‚Alles soll sich einem fügen'.

Nun, ich regiere nicht in eurer Weise, denn noch nie ist mir der Gedanke gekommen, daß ich allein über Recht und Fortschritt entscheiden möchte. In allen Fällen der Verantwortung und der Entwicklung habe auch ich auf den guten Rat meiner Ratgeber gehört. Wie gern hätte ich es einmal erlebt, daß meine Erdenkinder mit zu diesen Ratgebern gehört hätten. Doch leider hat ihre Entwicklung andere Wege eingeschlagen. Ihr müßt nicht glauben, daß ihr dem gefallenen Engel alle Schuld zuschieben könnt.

Meine Gerechtigkeit weiß wohl zu unterscheiden, in welchen Fällen ihr die bösen Ratgeber jenes bedauernswerten Engels der Finsternis gewesen seid. Mir einen Gefallen zu tun, das fällt euch unendlich schwer, doch den Widersacher zu unterstützen, das könnt ihr spielend leicht. Ihr möchtet gerne etwas ganz Großartiges vollbringen. Erforscht mal endlich die Gesetze der universellen Liebe. Ihr könnt euch nicht vorstellen, wie großartig das Resultat wäre!

Ich weiß, daß euch meine Worte nicht genügen. Eure Phantasie erwartet von mir einen Gelehrtenschwall. Ich rede zu einfach, und das gefällt euch nicht. Ich rede nicht wie ein Professor oder wie ein Dichter. Ich rede nicht wie ein Staatsmann oder wie ein Priester. Ich rede nur wie ein einfacher Mensch, der nur wenig Bildung besitzt. Aber ich rede wahr, und ihr glaubt meinen Worten nicht! Ich rede nicht persönlich durch eine Zunge von Fleisch und Blut. Um zu euch zu reden, habe ich kein anderes Fleisch und Blut, als das meiner Kinder. Ich rede aus meinem Geist, aus meiner Erfahrung und aus meiner übermenschlichen Sicht. Ich rede durch die Macht meiner Engel und meiner zu mir gekommenen Seelen. Ich rede durch meine Helfer in Fleisch und Blut, die durch meine ermächtigten Boten unterrichtet werden. Doch ihr glaubt ihnen nicht! Ich bin allen zu einfach, weil meine Rede, meine Worte für euch zu einfach sind. Doch meine einfachen Worte sind für euch scheinbar unmöglich in die Tat umzusetzen. Euer Fehler besteht in eurem verkomplizierten Denken und in eurer unwirklichen Phantasie über meine Existenz. Ich verlange nicht, daß man mir willenlos gehorcht, ich verlange nur, daß ihr euren eigenen guten Gedanken gehorchen sollt. Lernt Disziplin gegen euch selbst! Lernt fortschrittlich, das heißt, positiv zu denken! Ich will keine Untertanen, keine Duckmäuser, keine Heuchler, keine Bettler, keine Volksredner in meinem Namen. Ich wünsche mir nur ehrliche Freunde und wahrheitsliebende Mitarbeiter im weiteren Aufbau des Universums. Ich will gleichberechtigte Seelen, die mir in Liebe, in Rat und Tat zur Seite stehen. Ich will ihnen nach und nach alle meine Macht übertragen.

Immer wieder kommt mir zu Ohren, was ich tun müßte, um auf dem Stern Erde eine Änderung zu bewirken. Ich muß ein Stümper sein, der nicht weiß, was für euch gut ist. Alle Vorschläge, die von einigen unter euch gemacht werden, befassen sich mit der großen Rache. In meinem Namen werden Weltuntergänge und Weltkatastrophen von unwahrscheinlicher Grausamkeit prophezeit. Gewiß, es wäre an der Zeit, euch zu züchtigen. Doch soll ich ein schwaches, verführtes, versklavtes und jahrtausendelang unglückliches, unzufriedenes Menschengeschlecht noch unglücklicher machen? Ich wende meinen ganzen Unmut gegen jene, die in meinem Namen ein solches Elend prophezeien. Meine Antwort ist Liebe, meine Taten sind Gerechtigkeit, mein Urteil ist Bedauern. Ich wende mein Antlitz von den bösen Zungen, welche meine Liebe mißbrauchen und verraten. Darum sage ich euch durch meine Botschafter: Was immer auch geschehen wird, es ist eure eigene Schuld und die Antwort auf die Nichtbeachtung meiner Gesetze, die das Universum zusammenhalten. Euer Untergang ist nicht mein Wille, und ich werde bemüht sein, ein Pflaster auf alle eure Wunden zu legen. Ich werde euch aber auch zurechtweißen müssen aufgrund der Ordnung und Gerechtigkeit. Aber ich werde auch nicht mit Katastrophen strafen, die ihr schon selbst heraufbeschworen habt. Ich werde euch strafen durch Milde und durch Liebe, trotzdem ich auch weiß, daß diese Belehrungen nicht angenehm sein werden. Keine einzige Seele meiner Kinder ist verloren, aber ich bin betrübt, daß es so viele darunter gibt, die noch schwere Leidenswege werden gehen müssen, weil sie nicht an die große Schöpfung glauben wollen.

Ihr verständigt euch durch die Sprache, trotzdem versteht ihr euch nicht richtig untereinander. Ihr habt so viele verschiedene Sprachen und viele, viele Dialekte. Ihr habt außerdem die Sprache der Primitiven und die Sprache der Gelehrten, die Sprache der Bühnen und die Sprache der Dichter und Journalisten, die der Wahrheit und der Lüge, die der Propheten und der Phantasten. Ich aber habe auch eine Sprache, die Sprache des Herzens, der Liebe. Ich spreche in Begriffen der Liebe, der Geduld, der Gerechtigkeit und Barmherzigkeit. Wenn ich in meiner Sprache rede, so spreche ich in meinen Begriffen, und wer meine Stimme hört, der kann sie nicht verstehen, wenn er meine Begriffe nicht in seine Muttersprache übersetzt. Denn jeder Mensch ist in diesem Falle sein eigener Dolmetscher. Doch ich warne euch, wenn die Muttersprache nur negative Worte bevorzugt, wenn die Sprache vernachlässigt ist oder wenn sie durch schlechtes Denken und der Freude am Niedrigen verunreinigt ist. Wer in diesem Zustand meine Stimme hört, selbst wenn er der größte Prophet ist, so kann er meine Worte und Begriffe nicht verdolmetschen. Er wird aus dem Begriff ‚Züchtigen' eine Katastrophe machen und aus dem Wort ‚Liebe' sinnliches Begehren. Er wird kaum einen Begriff richtig verstehen und richtig übersetzen. Er wird meine tatsächlichen eigenen Worte in den Schmutz ziehen oder mich als einen Rächer hinstellen. Ich rede zu vielen Menschen, doch nicht alle können meine Worte richtig übersetzen, weil sie es nie richtig gelernt haben. Ich rede auch zu euren Staatsmännern, doch sie verstehen meine Worte nicht, weil sie eine Sprache des Herzens nie gelernt haben, doch sie verstehen jeden Begriff, der mich verleugnet.

Jedes Jahr wird das Fest der Liebe gefeiert. Es wird mit und ohne Liebe, mit und ohne Glauben gefeiert. Symbol der Liebe bleibt aber das Geschenk, das eigentlich ganz von Herzen kommen soll. Auch ich habe meinen Kindern ein von Herzen kommendes Geschenk zu machen, besonders für jene, welche das Fest der Liebe ohne Liebe und ohne Glauben feiern und auch ablehnen. Viele Menschen, ich meine meine Kinder, sind der Meinung, daß sich das ganze Universum mit allen Lebens- und Daseinsformen ganz von selbst entwickelt und gestaltet hat. Der Sicherheit halber nennen sie diese zwangsläufige Entwicklung ‚das Wirken der Natur'. Als höchste

Entwicklung der Natur existiert der Mensch mit allen seinen Gaben und mit seinem intelligenten Können. Doch nichts ist augenblicklich in seiner Vollendung da. Auch das Universum brauchte zu seiner Existenz eine Entstehung, einen Anfang. Die Natur mußte also vor Äonen von Zeiten einmal einen Beginn haben. Doch da sich eine natürliche Selbstentwicklung, wie ihr sie euch vorstellt, einmal mit einer Schöpfung anfing, entwickelte sich nicht zuerst das Menschenkind, sondern erst der Vater und Erzeuger. Ich bin die erste Schöpfung der Natur. Ich bin der Vater der Engel. Unfaßbar viele Menschen sind Seelenkinder der Geister. Warum verleugnet ihr die eigene geistige Vaterschaft? Gewiß, die Natur hat euch in eigener Entwicklung ins Leben gerufen, doch ich bin euer Vorgänger, das superlative Muster der Natur, das Muster eurer Existenz. Was habt ihr dagegen einzuwenden, daß das Gesetz Natur mich vor euch schuf? Was aber ist Natur? Es ist und war immer meine gewaltige Kraft, die sich stets formte, mit stets zunehmender Intelligenz.

Ich möchte einmal erleben, daß ihr auf dieser Erde meine Person mit einem ganz natürlichen, ungezwungenen Denken erfaßt. Die Art und Weise, in der ihr mich bisher angebetet und verehrt habt, entspricht nicht meinem Willen und paßt weder zu euch noch zu mir. Ich verabscheue sinnlose Litanei und das Gejammere über eure Schuld. Ebenso wünsche ich keine Schwärmerei über meine Großartigkeit und Güte. Ich tue nur das, was nach meinem Wissen und nach meiner Erfahrung richtig ist.

Eure vielen Beleidigungen verletzen mich nicht, aber mich verletzen die Beleidigungen, die ihr jenen zufügt, die in Unwissenheit Fehler begehen. Die Art und Weise, wie ihr mich hinstellt, entspricht nicht der Ordnung noch den Tatsachen. Kümmert euch mehr um die Geistigen Reiche und weniger um meine Person. Das Geistige Reich gehört mit zur intelligenten Welt. Meine Gesetze sind nicht so, daß das Geistige Reich vom Diesseits gänzlich ausgeschlossen ist. Ihr habt die Möglichkeit, euch jederzeit über das Vorhandensein einer geistigen Existenz zu überzeugen. Je mehr ihr eure Kenntnisse innerhalb der Naturwissenschaften vermehrt, um so mehr sehe ich, daß ihr das Alltägliche des geistigen Wirkens nicht mehr erfassen könnt. Ich muß gestehen, daß ein Primitiver vom Geistigen Reich mehr versteht, als ein weiser Gelehrter. Das Wissen soll erhellen und nicht verdunkeln. Ich habe nie gewollt, daß das Geistige Reich für euch ein Geheimnis sein soll. Richtet euch nach den Offenbarungen, die euch das Geistige Reich übermittelt.

Es heißt, daß ich den Menschen zu meinem Ebenbild erschaffen haben soll. Ich habe kein Ebenbild im ganzen Universum, das ich schuf. Es gibt aber einige große Geister, die mir im Denken und Handeln ähnlich sind. Die Annahme, daß der Mensch mein Ebenbild sei, führt zu dem Trugschluß, daß ich wie ein Mensch sein müsse. Aus diesem Grunde wird mich auch kein Mensch begreifen, so lange er auch nur im geringsten eine Ähnlichkeit mit mir zu ergründen versucht. Selbst meine Sinne sind anders als die eurigen. Wohl kann ich denken, sehen, sprechen und hören, aber in für euch unvorstellbaren Ausmaßen, die keinen Vergleich zulassen. Nur ein irdischer Priester konnte je auf den anmaßenden Einfall kommen und sagen, daß ich den Menschen zu meinem Ebenbild erschaffen habe. Dieser Vergleich mit mir ist Wahnsinn. Ich habe diesen Priester nicht ins Amt gerufen. Er tat es, wie alle anderen auch, selbst.

Es gibt unter euch viele, die mich herausfordern. Sie tun es im falschen Glauben der angeblichen Gottähnlichkeit. Ich habe mich keinem auf Erden lebenden Menschen je gezeigt, und ich werde es nie tun. Doch habe ich einen Weg geschaffen, auf den meine Boten hin und her wandeln und die Verbindung mit mir und mit euch aufrecht erhalten.
Muß die Liebe eine Gestalt haben? Muß die Gerechtigkeit bekleidet sein? Muß die Harmonie unbedingt Arme und Beine haben? Ich habe eine Gestalt, aber sie ist keine menschliche Form. Ich bin für jeden Menschen spürbar, aber nicht in seiner Sinneswahrnehmung. Nur das Herz und das Gefühl der Seele kann mich erfassen. Ihr alle ahnt meine Gegenwart, aber das genügt euch nicht. Ihr bemüht euch um eine ständige Verbesserung der Technik. Ihr seid fortschrittlich auf dem Gebiet der Radiowellen, aber nicht in den Sendungen. Ihr wißt doch fast alle, was eine Gemeinschaftsantenne ist. Nun, auch ich habe eine unsichtbare Gemeinschaftsantenne geschaffen, die kostenlos jedem Erdenmenschen zur Verfügung steht. Warum macht ihr keinen Gebrauch davon? Die Sendungen, welche aus

meinem Reich kommen, sind unvergleichlich wertvoller und interessanter als alle eure Bemühungen dieser Art. Jedes Menschenkind ist ein guter Empfänger. Aber leider seid ihr alle falsch angeschlossen oder falsch gepolt, nicht richtig geerdet, oder ihr zieht es vor, den Schwarzsender zu hören, dessen grausige und lügnerische Sensationen euch besonders erfreuen. Mein Sender hat eine Frequenz, die jeder von euch empfangen kann. Ihr müßt euch nur auf die richtige Welle einstellen und ihr werdet euch wundern. Wenn ihr euch aber die Mühe macht, positiv zu denken, so betätigt ihr euren eigenen Verstärker, und ihr werdet von Tag zu Tag einen besseren Empfang haben.

Ein großes Volk der Technik lebt auf dieser Erde. Wie wenig versteht ihr jedoch auf dem Gebiet der Geistestechnik. Ihr nennt es Meditation. Doch das Meditieren verbürgt noch keinen richtigen Empfang. Erst wenn ihr alle zusammen an der großen Gemeinschaftsantenne des Universums angeschlossen seid, werdet ihr auch den großen Gemeinschaftsempfang des Universums haben, der euch die Harmonie und den dauernden Frieden vermitteln wird. Ich warne euch aber vor jedem Amateur und Schwarzsender des Universums.

Religion ist weder die reine Wahrheit noch die reine, von Herzen kommende Verehrung. So wie ihr eure Religion ausgeübt habt, ist sie eine äußerliche Schau. Was aber bedeutet Religion? Eine Religion befaßt sich mit der Menschenführung. Die Seele soll in mein Reich geführt werden, sie soll veredelt und wissend gemacht werden. Sie soll in meinen Dienst gestellt werden, um den großen Plan zu erfüllen. Was aber versteht ihr denn unter einer Politik? Eine Politik ist ebenfalls eine Menschenführung, der Mensch soll richtig geführt werden, er soll friedlich und fortschrittlich sein irdisches Dasein verschönern und verbessern. Dies alles gilt nicht allein für den einzelnen, sondern für die ganze Menschheit. Ich frage euch nun: Was gibt es da noch für einen Unterschied zwischen einer Religion und einer Politik? Die Ziele sind doch eigentlich dieselben. Sie stehen euch doch geistig vor Augen und heißen in beiden Fällen fortschrittliche Menschheitsführung! In der Religion handelt es sich um die Seele, in der Politik handelt es sich um den körperlich lebenden Menschen. Doch Körper und Seele bilden auf diesem Stern eine Einheit. Wo aber bleibt die Einheit zwischen Religion und Politik? Darum überlegt doch einmal mit mehr Vernunft, ob ihr nicht einen großen Fehler macht. Wenn euch die Religion etwas Heiliges ist, warum ist euch dann die Politik nicht genauso heilig? Die Religion kommt aus der Liebe. Auch bei der Politik kann es nicht anders sein. Darum muß auch in der Politik die Liebe vorherrschen, denn die Politik ist auch eine Menschheitsführung, die in verantwortlicher Weise heilig ist.

Die Propheten sprachen: ‚Also spricht Gott der Herr‘. Sie hörten die Stimme eines Engels, der ihnen die Worte Gottes vermittelte. So wie schon früher, so ist es bis auf den heutigen Tag geblieben. Auch heute stoßen sich die

Menschen an dem Wort ‚Gott‘ oder an ‚Gottes Stimme‘. Ob Engel oder Lichtboten, die in Gottes Dienst stehen, um der Erdenmenschheit zu helfen, das bleibt sich gleich. Wichtig allein ist der Wert der empfangenen Belehrung, doch diese sollt ihr nicht kritisieren, sondern tief durchdenken!

Ich habe euch eine Seele von mir gegeben. Veredelt sie und macht sie rein und strahlend schön, wie sie einmal war, damit sie mir wieder nahe sein kann. Ich habe euch einen Körper gegeben, der sich aus allen Stoffen der Erde formt. Er kommt der Seele gleich und ist ihr treuester Freund und Gehilfe. Schont ihn und ehrt das Leben und den Geist, der in ihm wohnt! Ich habe euch nicht allein gelassen, sondern um euch ist eine ganze Menschheit mit vielen Rassen, Unterschieden und Talenten. Es sind alles eure Freunde, wenn ihr sie euch nicht selbst zu Feinden macht. Oder will jeder Mensch auf dieser Erde nur ganz allein sein? Ihr braucht doch die Hilfe anderer! Ich habe euch noch außerdem geistige Helfer zur Seite gestellt, die so rücksichtsvoll und unaufdringlich sind, daß ihr sie kaum wahrnehmt. Sie sind geschult, und sie mahnen euch nur, wenn ihr Fehler macht beziehungsweise machen wollt. Ich habe euch eine Welt geschaffen, die ihr frei nach eurem eigenen Willen gestalten könnt, doch schont sie bitte und treibt keinen Mißbrauch mit eurem schönen Zuhause während eures Erdenlebens. Ich habe Wesen geschaffen, die das Land bevölkern. Ich habe Wesen geschaffen, die die Luft bevölkern. Ich habe Wesen geschaffen, die im Wasser leben. Ich habe Wesen geschaffen, die in der Erde herumkriechen. Die Menschenwesen, welche auf dieser Erde leben, haben sich bemüht, es allen Wesen, die sie kennen, gleichzutun.

Nun richte ich an euch die Frage, die euch der von mir gegebene Verstand beantworten kann: Warum zweifelt ihr daran, daß ich einen Lebensbereich geschaffen haben kann, in dem es Wesen gibt, die nichts mit euren organischen Sinnen zu tun haben? So wie ihr die Erde erforscht, wie ihr das Wasser erforscht, wie ihr die Luft erforscht, wie ihr das Weltall erforschen wollt, so steht es euch völlig frei, auch den Lebensbereich zu erforschen, den ich geschaffen habe, um euch ein Dasein zu bieten, wenn ihr keinen irdischen Organismus zur Verfügung habt. Selbst wenn ihr euren irdischen Lebensbereich mutwillig zerstören solltet, so ändert sich damit nichts an eurem Leben. Dieses Leben ist eine Bewußtseinskraft, die euch ewig alles zur Erinnerung bringt, was ihr je erfaßt, durchdacht oder gesprochen habt. Nur ich allein kann diese Erinnerung auslöschen, aber ich tue es nicht, denn sie ist das Evangelium eurer eigenen Rechtfertigung. Nur das Plädoyer eurer eigenen Rechtfertigung mit eurem Gewissen kann mich beeindrucken, doch niemals die Entschuldigung, daß ihr von einem Lebensbereich jenseits meiner irdischen Schöpfung nichts gewußt habt. Diese Tore der Selbstunterrichtung stehen sowohl den Analphabeten wie auch den Preisträgern der Wissenschaften offen. Doch unbegründeter Zweifel hält euch von dieser Möglichkeit fern.
Wenn sich junge Menschen in der Entwicklung befinden,

kommen sie in die Jahre, wo sie ein sehr flegelhaftes Benehmen zeigen. Seltsamerweise geschieht das meistens vor ihrer Mündigkeit. Im Großen gesehen ist diese Erdenmenschheit auch noch nicht mündig, denn ihre Entwicklung ist noch längst nicht abgeschlossen. Aber viele Erdenkinder kommen sich sehr erwachsen vor. Ganz auffallend zeigt diese Erdenmenschheit hier auch ein sehr flegelhaftes Benehmen, auch jene Führer, denen die Menschheit anvertraut ist. Junge Menschen achten auf ihre Vorbilder, auf ihre Eltern und Erzieher, die ihnen leider keine guten Beispiele geben. Auf welche Vorbilder soll nun der erwachsene Mensch achten, um sich danach ausrichten zu können? Auch erwachsene Menschen können unreif sein!

Ich sandte euch ein Vorbild, das den erwachsenen Menschen ein gutes Beispiel sein sollte. Christus war wirklich mündig, so daß er es eigentlich nicht mehr notwendig hatte, um seiner Entwicklung willen auf diese Erde zu kommen und hier zu leben und zu leiden. Er war meine Stimme. Nun glaubt ihr zum größten Teil, daß der zu euch gesandte Christus nichts Überirdisches an sich gehabt hat, daß er nur ein guter und kluger Mensch war. Ich habe nichts gegen diese Vermutung einzuwenden, aber ich habe alle Menschen ins Leben gerufen und somit auch ihn. Doch Christus sollte euch ermahnen und euch ein gutes Vorbild sein, damit die Flegeljahre einmal aufhören. Er sollte die Mündigkeit der Menschheit bewirken. Ich bin sehr enttäuscht worden von eurer uneinsichtigen Hartnäckigkeit. Buße tun heißt, sich zu bessern!

Auch eine Mikrobe ist ein Lebewesen und gehört mit zur großen Schöpfung. Ich habe ihr das Leben von meinem eigenen Leben gegeben, denn Leben kommt von Leben. Die Mikrobe müht sich ab und will einen Menschen begreifen. Allein, es ist ihr unmöglich, und so wird es auch in allen Zeiten bleiben. Aber die Mikrobe weiß sich keinen anderen Rat, als sich selbst einzugestehen: Es gibt keine Menschen, denn deren Existenz ist unbegreiflich und unerforschlich. Es ist zwecklos, sich mit etwas zu befassen, das wegen seiner Unfaßbarkeit für die Mikrobe nicht existiert. Der Mensch müht sich ab und will mich begreifen. Allein, das ist ihm unmöglich. Was soll der Mensch nun tun? Soll er mich wegen der Unfaßbarkeit als nicht existent ablehnen? Der Mensch ist keine Mikrobe, sondern das höchstbegabteste Lebewesen im ganzen Universum innerhalb der Materie. Über allen Tieren, über allen Pflanzen, über allen Meeren und Bergen hat der Mensch den höchsten Verstand und die einzigartige Begabung der Gedankenkombination. Doch der Mensch macht einen Fehler. Er kombiniert mitunter falsch, ganz besonders, wenn es sich um mich handelt. Im Vergleich zur gesamten Schöpfung ist der Mensch nur eine Mikrobe in einem ganzen Sonnensystem. Aber in ihm wohnt jene Kraft, die ihm die Macht gibt, alles zu durchdenken, alles zu erfassen, alles zu übersehen, alles zu regieren, alles zu erschaffen und alles zu vollenden. Es ist nicht die unfaßbare Größe, auf die es ankommt, sondern es kommt auf die Kraft an, die in einem Stäubchen wirkt.

Ein berühmter Astronom und Mathematiker kam eines

Tages auf den Gedanken, das ganze Weltall zu berechnen. Er setzte für alle unfaßbaren Größen und Entfernungen gewisse Zeichen und Symbole. Schließlich brachte er nach ungeheuren Gedächtnisanstrengungen eine Zeichnung zustande, die kein anderer lebender Mensch begreifen konnte, als er selbst. Doch was hatte er wirklich begriffen? Ihm fehlte jede Vorstellung von einer wirklichen Riesenentfernung, die seiner eigenen Erfahrung mit Hilfe seiner Sinnesorgane fehlte. Er konnte sich wohl ungefähr den Erdumfang vorstellen, weil er die Erde umreisen konnte, weil er wußte, was eine Meile ist, aber er wußte nicht, was ein Spiralnebel für eine Ausdehnung hat, weil er nie in einem Spiralnebel herumgereist war. Ein berühmter Philosoph und Lehrer kam eines Tages auf den Gedanken, mich zu erfassen. Er machte sich allerlei Vorstellungen von meiner Existenz, Größe, Macht und meiner Seele. Schließlich brachte er es nach ungeheuren Anstrengungen zustande, mich einfach zu verleugnen. Es gab nämlich keine Zeichen, ein Zahlen oder ein Symbol, das er für mich hätte zu Papier bringen können. Habe ich euch nicht gewarnt? Ihr sollt euch kein Bildnis von mir machen, noch ein Zeichen dafür setzen. Was aber nützte es dem Mathematiker, daß er mein Universum in Zeichen und Symbolen zu Papier brachte? Kein Mensch kann sich damit begnügen. Aber wäre es richtig, das ganze Weltall, das ganze Universum deshalb einfach zu verleugnen, nur weil es in seiner Größe nicht erfaßt werden kann? So aber macht man es mit mir! Es gibt einige Menschen die mir Vertrauen schenken. Sie sagen in allen schwierigen

Situationen: ‚Ich verlasse mich ganz auf Gott.‘ Wie aber steht es wirklich mit diesem Vertrauen, wie ich es sehe? Erstens sollt ihr euch möglichst auf euch selbst verlassen. Zweitens sollt ihr euch gegenseitig helfen, wenn ihr es allein nicht schafft. Drittens sollt ihr euch die richtigen Führer eurer Stadt oder eures Landes wählen, die euch ebenfalls helfen sollen. Viertens sollt ihr euch nicht ganz auf mich verlassen, sondern nur zu eurer Hilfe, denn ihr sollt auch das Eurige dazu tun. Wie aber sind eure Worte wirklich gemeint? Ich verstehe nicht nur den Sinn eurer Worte, sondern auch, wie sie gemeint sind.

In den meisten Fällen meint ihr, ich sei so allmächtig, daß ich eure Feinde zu euren Füßen lege. Eure Feinde sind aber auch meine Kinder! Ich soll in euren Augen die Armen reich und die Reichen arm machen. Ich soll die Machthaber stürzen und die Schwachen auf den Thron setzen. Ich soll die Kanonen gegen den Feind richten und euch siegreich in reiche Länder führen. Ich könnte euch endlos aufzählen, was ich alles soll, für jene, die da sagen: ‚Ich vertraue ganz auf Gott.‘ Um es einmal ganz deutlich zu sagen: Ich rühre nicht einen Finger, weder um euch so zu helfen, noch um euch zu strafen oder zu vernichten. Ich habe das ganze Universum und sein Leben geschaffen. Die böse Schöpfung war nicht meine Absicht, wohl aber meine mißbrauchte Kraft. Aber ich habe alles so gesetzlich geregelt, daß kein Unrecht geschieht, daß ihr nicht selbst verschuldet habt. In allen Fällen stehen euch die geistigen Helfer bei. Eine Menschheit betet, weil sie sich selbst an den Abgrund gebracht hat und nun in eine endlose, aussichtslose Tiefe hineinschaut. Ihr erwartet jetzt eine überirdische Hilfe, weil ihr kein Vertrauen mehr zu irgend einer anderen Hilfe habt. Ich aber frage euch ‚Wo ist das Vertrauen zu mir und zu meiner Hilfe?' Ich antworte auf eure Gedanken: ‚Dieses Vertrauen fehlt!' Eine Ahnung ist noch längst kein Vertrauen. Ich bin ohnmächtig innerhalb meiner Ordnung und Gesetze. Ich kann euch nicht so helfen, wenn ihr mir nicht das ganze Vertrauen schenkt, das ich zu eurer Hilfe dringend benötige.

Euer Vertrauen, eure Gebete, eure Liebe und eure Hoffnung kann in einer geballten Weise eine Kraft des Geistes sein, die zu mir emporsteigt. Diese wunderbare menschliche Geisteskraft der Liebe und des vollen Vertrauens ist eine gewaltige Substanz, mit der ich etwas für euch tun könnte. Verschafft mir diese bedeutende Kraft durch eure wahrhafte Geisteshaltung, durch euer positives Denken und durch eure aufrichtigen Gebete, dann will ich alles für eure Hilfe tun!"

Nachwort

Das war die jenseitige Botschaft, die uns als Stimme Gottes erreicht hat. Dem Inhalt haben wir von uns aus nichts mehr hinzuzufügen. Diese Sprache ist eindeutig und für offene Ohren auch eindringlich genug.

Auf etwas anderes möchten wir aber in dem Zusammenhang zu sprechen kommen, weil es einige Bedeutung hat. Die lange Belehrungszeit aus dem Jenseits hat uns eine Fülle von Wissen, Erkenntnissen und Beweisen gebracht, so daß wir einen enormen Überblick erlangt haben. Die über 25-jährige Praxis, während der wir unsere Forschungsarbeiten veröffentlichten, hat uns auch eine ganze Menge Kritiken eingebracht. Sie reichen von uneingeschränkter Zustimmung mitdenkender Menschen bis zur absoluten Ablehnung und böswilliger Verunglimpfung anders denkender Menschen.

Das erhaltene Wissen, welches wir ja in der ganzen Breite und Tiefe durchgearbeitet haben, hat uns – so ganz nebenbei – eine beachtenswerte Gabe beschert. Wir haben etwas ganz Wertvolles zusätzlich gelernt. Es ist das Erkennungsvermögen, aus welcher Richtung und mit welcher Absicht Kritiken bei uns ankommen. Wir können an diesen Kritiken ablesen, auf welcher geistigen Stufe der Kritiker steht. Zudem können wir auch leicht erkennen, wem der Kritiker, bewußt oder unbewußt, dient. Ob er ein Mitarbeiter des Guten oder ein Handlanger des Bösen ist. Genau gesagt, ob er Gott oder seinem Widersacher zur Verfügung steht.

Wenden wir uns hier mal von der herabwürdigenden Kritik

ab, sie richtet sich durch ihre Art und Qualität selbst. Aus dem heutigen besseren Verständnis heraus haben wir mit der Stimme Gottes noch eine Trumpfkarte an die Hand bekommen, die wir nutzen sollten. Welche ist das? Wir erkennen bei einigem Vergleichen viel eher die Fälschungen einiger Überlieferungen. Mögen sie plump oder mehr oder minder geschickt getarnt sein, die Entlarvung dieser Machenschaften ist leichter geworden. Wir können mit unserem natürlicher gewordenem Wissen und einer gesunden Wertschätzung feststellen, wo sich Fehler eingeschlichen haben. Wir können diese Fehler berichtigen. Geschieht das nicht von offizieller Seite aus, so bleibt uns immer noch der Weg offen, die Richtigstellung auf privater, persönlicher Grundlage. Mit Hilfe der vorliegenden Botschaft in der Ichform geht es besser. Das Geistige Reich hat uns damit eine gute Hilfestellung geboten. Wir Menschen, wir sind es ja, die mitunter so unwissend, so begriffsstutzig sind. Wir sollten daher jede Form der echten Hilfe dankbar annehmen.

Wir danken Ihnen für ihr Interesse an diesen Botschaften und wünschen Ihnen ein gutes geistiges Wachstum.

Ihr Medialer Friedenskreis Berlin

Ebenfalls im Bergkristall Verlag erschienen:

Band 1: Jesus Christus

War Jesus Christus die Inkarnation Gottes?
Was hat er bis zu seinem 28. Lebensjahr gemacht?
Ist er für die Menschheit gestorben und hat all unsere Sünden auf sich genommen?

In diesem Buch erfahren Sie Wahrheiten über die eigentliche Mission der größten Seele, die je auf diesem Planeten gelebt hat.

Buchauszug:
Wie beurteilst du Jesus Christus aus deiner Perspektive?
Christus ist der letzte der Propheten oder Lehrer, die in eure Welt kamen. In ihm hat sich die Fülle der Macht des Geistes in einer Form manifestiert, wie es nie zuvor und nicht mehr danach geschah. Weder seine Geburt noch sein Tod ist mit einem Geheimnis verbunden. Er war ein Mensch wie jeder andere. Er kam auf eure Erde und verließ diese wieder in Übereinstimmung mit den natürlichen Gesetzen des Großen Geistes. Weder vor seiner Zeit noch nach dieser wurde ein derartig hohes Maß an Inspiration in eurer Welt empfangen. Er kam, um eine Aufgabe zu erfüllen, um gewisse fundamentale Wahrheiten zu lehren, die verfälscht, vernachlässigt und unter dem Schutt von Glaubenssätzen, Ritualen, Zeremonien, Mythen und Fabeln begraben waren.

(Hrsg.) Fieber, Reinmöller, Richter
ISBN 3-935422-01-6
80 Seiten, DM 19,80

Ebenfalls im Bergkristall Verlag erschienen:

Band 2: Das Sterben

Was geschieht im Augenblick des Todes?
Was geschieht mit den Seelen nach Unfällen, Explosionen oder Selbstmord?
Wie wirkt sich die Trauer der Hinterbliebenen auf das Befinden der „Verstorbenen" aus?

Auf Fragen wie diese erhält der Leser leicht verständliche Antworten. Der Tod stellt hier keine Bedrohung oder gar Bestrafung dar, sondern eine Geburt in eine feinstofflichere Welt.

Buchauszug:
Was ist grundsätzlich über den Tod zu sagen?
Legt alle Ungewißheit beiseite, denn der Tod ist nur eine Änderung eures Zustandes. Aber er läßt euch alles, was ihr geistig erworben habt, was geistig existiert, das heißt alle Erfahrungen, Erinnerungen, alle Sinneswahrnehmungen, euer Denkvermögen, eure Sprache, eure Individualität. Nur euer Körper verliert alle Schwere und alle materiellen Nachteile. Im übrigen bleibt euch auch euer Körper, aber er ist dann nur ein anderer Stoff, den ihr zwar schon immer hattet. Im anderen Dasein gibt es andere Gesetze und diesen müßt ihr euch fügen. Es gibt keine Ausnahme. Die Macht des Großen Planers ist im Reiche des totalen Geistes unvorstellbar größer als im Reich der Materie, des erstarrten Lichtes. Darum lebt auf, aber tut es richtig!

(Hrsg.) Fieber, Reinmöller, Richter
ISBN 3-935422-02-4
160 Seiten, DM 27,80

Friede über alle Grenzen!

‚Nicht von dieser Erde‘ und weitere 13 Broschüren

Die Original-Durchgaben aus den Jahren von 1956-1975

Übermittelt von Ashtar Sheran im Medialen Friedenskreis Berlin

Textauszug:
„Die Unwissenheit aller verantwortlichen Menschen auf dieser Terra ist für unsere Begriffe unfaßbar. Wir stehen vor einem unbegreiflichen Phänomen einer einzigartigen Geistlosigkeit. Eure Wissenschaft versteht unter dem Leben den beweglichen Zustand eines Körpers. Da es aber die Bewegung der Atome gibt, so seid ihr heute der Auffassung, daß das organische Leben ein Zustand ist, der mit dem Stoffwechsel zusammenfällt. Euer Irrtum lautet: Das Leben ist mit dem Stoffwechsel untrennbar verbunden. Wenn der Stoffwechsel aufhört, hört auch das Leben auf.

Statt einer einzigen wahren Religionsgemeinschaft gibt es auf eurer Erde mehr als zweihundert. Jede davon ist fanatisch gegen die andere und glaubt, der Wahrheit letzte Schlußfolgerung zu besitzen. Doch der Weisheit allerletzte Schlußfolgerung ist: Ihr habt von Gott und seiner Schöpfung überhaupt keine rechte Ahnung. Was euch an Wahrheit aus außerirdischer Quelle gegeben worden ist, wurde größtenteils vernichtet. Was davon übriggeblieben ist, wurde gefälscht oder arg entstellt. Kein Volk der Terra soll sich einbilden, besser zu sein als das andere. Gut und Böse sind auf alle Völker, auf alle Staaten verteilt. Keine Rasse hat Anspruch auf besondere Anerkennung. Ihr alle seid noch in der Entwicklung und ihr befindet euch in einer gefährlichen Entwicklungskrise, die euch deutlich vor Augen führen müßte, wie wenig euer Leben wert ist, wenn ihr nicht einmal wißt, was das Leben wirklich bedeutet.“

Folgende Zusammenstellungen des Medialen Friedenskreises werden als Bücher demnächst im Bergkristall Verlag erscheinen:

- Der Schöpfer und sein Widersacher
- Das Geistige Reich
- Die Seele
- Das Denken
- Der Schutzpatron
- Die Bibel und der Okkultismus
- Der Kontakt mit dem Geistigen Reich
- Der Spiritualismus
- Das Medium
- Glaube und Religion
- Die Santiner
- Die Reinkarnation und andere

Ebenso sind viele Titel als Hörbücher in Planung

Bergkristall Verlag
Schülerstraße 2-4
32108 Bad Salzuflen

Tel.: 05222 / 92 34 51
Fax: 05222 / 92 34 52
email: Bergkristall.Verlag@t-online.de